BEI GRIN MACHT SICH IHR
WISSEN BEZAHLT

Bibliografische Information der Deutschen Nationalbibliothek:

Die Deutsche Bibliothek verzeichnet diese Publikation in der Deutschen National-bibliografie; detaillierte bibliografische Daten sind im Internet über http://dnb.d-nb.de/ abrufbar.

Impressum:

Copyright © 2016 GRIN Verlag, Open Publishing GmbH
Druck und Bindung: Books on Demand GmbH, Norderstedt Germany
ISBN: 9783668599161

Dieses Buch bei GRIN:

https://www.grin.com/document/383819

Marc Mettke

Zertifizierung in der Softwarebranche. Methoden zur Prüfung der Fähigkeiten von Entwicklern

GRIN Verlag

GRIN - Your knowledge has value

Der GRIN Verlag publiziert seit 1998 wissenschaftliche Arbeiten von Studenten, Hochschullehrern und anderen Akademikern als eBook und gedrucktes Buch. Die Verlagswebsite www.grin.com ist die ideale Plattform zur Veröffentlichung von Hausarbeiten, Abschlussarbeiten, wissenschaftlichen Aufsätzen, Dissertationen und Fachbüchern.

Besuchen Sie uns im Internet:

http://www.grin.com/

http://www.facebook.com/grincom

http://www.twitter.com/grin_com

Zertifizierung in der Softwarebranche

Marc Mettke

2016-07-01

Inhaltsverzeichnis

1 Einleitung

1.1 Grundlagen

Die Softwarebranche ist sehr schnelllebig mit vielen verschiedenen Programmiersprachen, Technologien, Vorgehensweisen, Nutzeranforderungen und Sicherheitsbestimmungen. Es gibt unterschiedliche Geräte und Plattformen welche jeweils korrekt verwendet werden müssen, um eine Funktionsfähigkeit, bei unterschiedlichem Vorwissen und Anforderungen seitens der Nutzer, zu gewährleisten[1].

> „The rapid pace at which technology evolves creates a need for highly skilled individuals to enable, apply, support, configure, and adapt IT products and services."[2]
>
> Information Technology Student-Based Certification in Formal Education Settings: Who Benefits and What is Needed - Michael H. Randall; Christopher J. Zirkle

Da die Informatik inzwischen in nahezu jedem Bereich Präsent ist, wird ein solides Wissen über ein Gerät und dessen Technik zunehmend wichtiger, da ein fehlendes Wissen nicht nur für schlechte Nutzererfahrung sorgt, sondern, z. B. in der Medizin, Flugzeugtechnik o. ä., schlimmstenfalls Menschenleben gefährden kann. Gerade prominente Fehler und Systemabstürze wie z. B. der Millennium Bug sind, nach Norman Matloss, oft darauf zurückzuführen, dass Entwickler kein solides Wissen über die Geräte und deren Technik besaßen und hätten durch entsprechend geschulte Entwickler vermieden werden können[3].

> „Many high-profile computer-related problems, such as Y2K and system crashes, can be traced to narrowly trained programmers, according to Norman Matloff, professor of computer science at the University of California, Davis."[4]
>
> Are too many programmers too narrowly trained - David Clark

Damit eine Software gut funktioniert muss sie einem Qualitätsstandard entsprechen, wobei Qualität selbst bedeutet, das etwas Tauglich für die Nutzung ist, mit den Anforderungen übereinstimmt und den geforderten Bedarf deckt[5].

---

[1]siehe Zitat von David Clark auf Seite 3
[2][ITSB] „Das rasante Tempo in dem sich die Technik weiterentwickelt schafft einen Bedarf an hoch qualifizierten Personen um IT-Produkte und Dienstleistungen zu verwenden, anzupassen, warten und zu konfigurieren." sinngemäß übersetzt von Marc Mettke
   Nachlesbar auf Seite 289
[3]siehe Zitat von David Clark auf Seite 3
[4][COAT] „Norman Matloss, Professor der Computerwissenschaft an der Universität von Kalifornien, sagt, dass viele Computerprobleme wie Y2K und Systemabstürze darauf zurückgeführt werden können, dass Programmierer zu schlecht trainiert sind." sinngemäß übersetzt von Marc Mettke
   Nachlesbar auf Seite 1
[5]siehe Zitat von Christian Dörner auf Seite 4

„So wird Qualität zum Beispiel mit den folgenden Eigenschaften beschrieben:

- Tauglichkeit der Nutzung

- Übereinstimmung mit den Anforderungen oder Bedingungen

- Alle Merkmale und Charakteristika eines Produktes oder einer Dienstleistung, die sicherstellen, dass der zuvor bestimmte Bedarf befriedigt wird."[6]

Qualitätsmanagement & Zertifizierung - Christian Dörner

Dies ist auf der einen Seite besonders wichtig, da viele elektrische Geräte Einfluss auf die Gesundheit von Menschen haben. Als Beispiel dafür ist ein Unfall der zwischen August 2000 und Februar 2001 passierte. Zu der Zeit sind in einem Krankenhaus mindestens fünf Patienten an erhöhter Strahlung gestorben, da die Software der Maschine eine falsche Eingabe von Daten nicht erkannt und behandelt hatte. Ein weiteres Beispiel ist ein Zugunfall in Japan. Dabei gab es 42 Tote als zwei Züge, auf Grund von einem Fehler im Signalsystem, frontal zusammengestoßen sind[7]. Diese durch Softwarefehler entstandenen Situationen hätten vermieden werden können und haben in ihrer Konsequenz Menschenleben gekostet.

Auf der andern Seite kann es dem Image der Firma schaden. Ein zuverlässiges System ist ein System welches Vertrauen schafft, dadurch das es korrekt funktioniert[8]. Wenn dieses Vertrauen durch Unfälle oder Fehlverhalten zerstört wird, erleidet die Firma automatisch schaden, da Kunden diese verlassen werden.

„Die Zuverlässigkeit eines Computersystems ist die Eigenschaft, die ein gerechtfertigtes Vertrauen des Systems schafft. Genau diese Eigenschaft liegt den vertrauenswürdigen Systemen zu Grunde."[9] Qualitätsmanagement & Zertifizierung - Christian Dörner

Aus diesen Gründen ist es sehr wichtig Software zu testen und Qualitätssicherung durchzuführen, damit sichergestellt werden kann, das keine Fehler im produktiven System auftauchen. Doch noch wichtiger ist es, Entwickler zu finden, welche die Fähigkeiten und das Wissen mitbringen um Software qualitativ zu schreiben. Wie bereits erwähnt ist es am Ende der Entwickler, der durch gutes Training viele Fehler vermeiden kann.

1.2 Problemstellung

Die Frage die sich viele Firmen stellen, ist wie man sicherstellen kann, dass ein Entwickler über das entsprechende Wissen und die notwendigen Fähigkeiten verfügt, welche benötigt werden um eine Software für ein bestimmtes Gerät zu schreiben. Gerade wegen

---

[6][QuZ] Nachlesbar auf Seite 5
[7]Diese und weitere Unfälle sind zu finden unter [GdS]
[8]siehe Zitat von Christian Dörner auf Seite 4
[9][QuZ] Nachlesbar auf Seite 7

der Schnelllebigkeit ist es notwendig, dass sich ein Entwickler nicht nur in dem entsprechenden Bereich auskennt, sondern zusätzlich die Fähigkeit besitzt sich auf dem neusten Stand zu halten und an neue Fehler und Probleme anzupassen. Außerdem muss er bereit sein sich weiterzubilden, um neue Technologien und Vorgehensweisen kennenzulernen, mit denen die Kommunikation zwischen Mensch und Maschine verbessert werden kann.

Um herauszufinden ob ein Entwickler die notwendigen Fähigkeiten besitzt, werden unter anderem folgende Methodiken verwendet:

Berufserfahrung Berufserfahrung spielt eine große Rolle, wenn es darum geht, einen Entwickler mit Erfahrung zu finden. Sie zeigt, dass sich dieser mit den internen Vorgehensweisen von Firmen auskennt und weiß wie praktische Entwicklung im Firmenalltag aussieht. Sie gibt allerdings keine Informationen darüber, wie lernfähig er ist, ob er für ihn unbekannte Probleme adäquat lösen kann und ob er sich außerhalb seiner Wissensbasis weiterbildet.

Projekte Projekte geben Informationen darüber, in wieweit sich ein Entwickler weiterbildet und mit neuen Problemen in seinem Bereich beschäftigt. Zusätzlich demonstrieren sie die Lernfähigkeit von diesem, sofern er sich mit verschiedenen Technologien und Herangehensweisen beschäftigt hat. Ein Problem bei Projekt ist allerdings, das die außerhalb der Arbeitszeiten erstellt werden müssen und der Entwickler damit die Zeit dafür haben muss. Firmeninterne Projekte können nicht verwendet werden, da diese der Firma gehören und nicht weitergegeben werden dürfen.

Tests Tests wie z.B. Eignungstests und Fragen über eine Programmiersprache oder einen Lösungsansatz für ein Problem eigenen sich gut um herauszufinden, wie ein Entwickler mit Problemen in seinem Bereich umgeht und wie er eine Lösung kommuniziert. Sie geben allerdings sehr oft ein unklares Bild, da der getestete unter Druck steht und sich dadurch nicht in das Problem hineinversetzten kann.

Zertifikate Zertifikate bieten einen Beleg dafür, dass man sich mit einem bestimmten Thema auseinandergesetzt und eine Prüfung in diesem Bestanden hat. Sie zeigen, dass man bereit ist sich weiterzubilden, beherbergen allerdings das Problem das eine theoretische Prüfung nicht bedeuteten muss, dass man das Wissen auch praktisch anwenden kann.

In dieser Arbeit wird es nur um die Zertifikate und deren Lösung für das Problem gehen.

1.3 Ziel der Arbeit

Zertifikate sind eine Möglichkeit um herauszufinden wie gut ein Entwickler ist und welche Fähigkeiten er für das Unternehmen mitbringt. Doch woher stammen Zertifikate und was ist der Grund warum es inzwischen so viele verschiedene Möglichkeiten gibt, sich zertifizieren zu lassen. In dieser Seminararbeit möchte ich darstellen inwiefern Zertifikate zuverlässig sicherstellen, dass der Zertifizierte die oben genannten Fähigkeiten besitzt und was Firmen von Zertifikaten als Referenz für Fähigkeiten halten. Des Weiteren wird darauf eingegangen, welche wissenschaftliche Studien und Arbeiten zu diesem Thema vorhanden sind und welche Aussage diese vertreten. Die Betrachtungen sind dabei beschränkt auf den Europäischen und US-Amerikanischen Raum.

Zuerst werde ich in der systematischen Literaturrecherche darauf eingehen, wie ich zu den wissenschaftlichen Arbeiten gekommen bin und aus welchen Kriterien ich sie gewählt habe. Danach wird es um den geschichtlichen Hintergrund von Zertifikaten gehen, sowie eine Übersicht geben von Bereichen in denen man sich Zertifizieren l assen k ann und bekannte Zertifizierungsstellen. Z uletzt f olgen V or- u nd N achteile v on Z ertifikaten und Zertifizierungen sowie eine abschließende Zusammenfassung mit kritischer Reflexion und Ausblick.

2 Systematische Literaturrecherche

In diesem Kapitel wird auf die systematische Literaturrecherche zu dieser Arbeit einge-
gangenen. Erklärt werden hierzu die Suchbegriffe nach dem PICOC-Verfahren, die tat-
sächlich durchgeführten Suchanfragen, die verwendeten Quellen und die Akzeptanzkriterien für die gefundenen Dokumente. Am Ende kommt dann ein Fazit über die Qualität
dieser Dokumente.

2.1 Suchkriterien

Das PICOC-Verfahren schreibt 5 Kriterien auf welche für die Suchkriterien definiert werden sollten: Population, Intervention, Comparison, Outcome und Context.

Für das Thema „Zertifizierung in der Softwarebranche" kommen dafür folgende Suchkriterien zusammen:

Population   *developer OR software developer OR web developer OR programmer OR
Entwickler OR Softwareentwickler OR Webentwickler*
Die Zielgruppe sind alle Entwickler im Software Bereich.

Intervention   *certification OR education OR training OR Zertifizierung OR Bildung*
Das Ziel ist die Zertifizierung bzw. die Weiterbildung von den Entwicklern.

Comparison   *certified OR non certified OR zertifiziert OR unzertifiziert OR nicht zertifiziert*
Der Vergleich ist zwischen Zertifizierten und nicht Zertifizierten Entwicklern.

Outcome   *benefits OR harm OR good OR bad OR advantages OR disadvantages OR
Verbesserung OR Verschlechterung OR gut OR schlecht OR Vorteile OR Nachteile*
Relevant sind die Vor und Nachteile einer Zertifizierung als Softwareentwickler.

Context   *industry OR software industry OR software development OR Industrie OR
Softwarebereich OR Softwareentwicklung OR Softwarebranche*
Der Kontext ist der Industrielle Bereich der Softwarebranche.

2.2 Suchanfragen

Die Suchanfragen bilden sich aus der UND-Verknüpfung von den Suchkriterien welche in 2.1 definiert wurden. Dem zufolge ist folgendes die Suchanfrage für diese Arbeit:

> (developer OR software developer OR web developer OR Entwickler OR Softwarentwickler OR Webentwickler) AND (certification OR education OR Zertifizierung OR Bildung) AND (certified OR non certified OR zertifiziert OR unzertifiziert OR nicht zertifiziert) AND (benefits OR harm OR good OR bad OR advantages OR disadvantages OR Verbesserung OR Verschlechterung OR gut OR schlecht OR Vorteile OR Nachteile) AND (industry OR software industrie OR software development OR Industrie OR Softwarebereich OR Softwareentwicklung OR Softwarebranche)

Diese Suchanfrage ist für die meisten Suchmaschinen wie z. B. scholar.google.de zu lang und muss deshalb angepasst werden. Dazu werden zwei Suchanfragen gebildet, einen für die Deutsche und einen für die englische Sprache:

Englisch ("developer" OR "software developer" OR "web developer") AND ("certification" OR "education") AND ("certified" OR "non certified") AND ("benefits" OR "harm" OR "good" OR "bad" OR "advantages" OR "disadvantages") AND ("industry" OR "software industry" OR "software development")

Deutsch ("Entwickler") AND ("Zertifizierung" OR "Bildung") AND ("zertifiziert" OR "unzertifiziert" OR "nicht zertifiziert") AND ("Verbesserung" OR "Verschlechterung" OR "Vorteile" OR "Nachteile") AND ("Industrie" OR "Softwarebereich" OR "Softwarebranche")

Die Suchergebnisse für die Suchanfragen sind nach Relevanz sortiert und werden auf die ersten 10 begrenzt da es sonst zu viele sind (scholar.google.de hat 26.300 Ergebnisse bei der englischen Suchanfrage). Da durch die Begrenzung auf 10 Dokumente das Risiko steigt relevante Dokumente zu übersehen, werden sowohl unterschiedliche Suchmaschinen als auch weitere Verknüpfungen der Suchkriterien verwendet. Ein Beispiel dafür ist die Verknüpfung zwischen Population und Outcome welche folgenden Suchstring ergibt:

> developer OR software developer OR web developer OR programmer OR Entwickler OR Softwareentwickler OR Webentwickler AND benefits OR harm OR good OR bad OR advantages OR disadvantages OR Verbesserung OR Verschlechterung OR gut OR schlecht OR Vorteile OR Nachteile

Diese zusätzlichen Verknüpfungen führen sowohl zu neuen als auch zu bereits bekannten Ergebnissen. Im Rechercheprotokolle unter Punkt 5.6 werden diese Ergebnisse aufgeführt. Sofern ein Dokument unter zwei Suchanfragen gefunden wurde, wird es nicht doppelt genannt, sondern nur in Verbindung mit der Suchanfrage gelistet, welche dieses zuerst gefunden hatte.

2.3 Quellen

Für die Suche nach wissenschaftlichen Dokumenten wurden entsprechende Suchmaschinen wie scholar.google.de herangezogen. Die Auswahl dieser Suchmaschinen ist dabei begrenzt auf kostenfrei zugängliche Dokumente und schließt damit viele relevante Ergebnisse aus. Suchmaschinen welche lediglich andere Suchmaschinen abfragen werden ebenfalls ausgeschlossen, da nicht eingesehen werden kann welche und mit welchen Optionen gesucht wird. Außerdem können jederzeit neue Maschinen hinzugefügt und damit die Ergebnisse stark verändert werden.

Folgendes ist die Übersicht der analysierten Suchmaschinen:

NAME	RELEVANZ	BEGRÜNDUNG
scholar.google.de	ja	
ieeexplore.ieee.org	ja	
BASE	ja	
link.springer.com	ja	
Metagear	nein	Einbezug mehrerer Suchmaschinen
infomine.ucr.edu	nein	kostenpflichtig

2.4 Akzeptanzkriterien

Die gefundenen Dokumente werden unter Betrachtung von Akzeptanzkriterien entweder abgelehnt oder mit aufgenommenen. Sie stellen sicher das die Dokumente das Thema behandeln, zeitlich relevant sind und kostenfrei verfügbar. Zusätzlich werden die Ziele der Arbeit aus Punkt 1.3 verwendet, welche die Vor- und Nachteile der Zertifikate ansprechen und das Suchgebiet auf Deutschland und Amerika begrenzen.

Positiv

- A1 Beinhaltet Informationen über Zertifikate oder die Zertifizierung in der Softwarebranche

- A2 Behandelt Vorteile von Zertifikaten in der Softwarebranche

- A3 Behandelt Nachteile von Zertifikaten in der Softwarebranche

Negativ

- B1 Kostenpflichtig

- B2 Behandelt Zertifikate außerhalb von Deutschland oder Amerika

- B3 Behandelt Zertifikate in einem anderen Bereich

- B4 Studie oder das Dokument sind veraltet
  (Zertifikate existieren nicht mehr oder Veröffentlichung vor dem Jahre 2000)

2.5 Fazit

Die systematische Literaturrecherche ist beschränkt auf kostenfreie Werke und kann damit nicht als Vollständig für dieses Thema betrachtet werden. Damit beinhalten die Quellen, auf die sich dieses Dokument bezieht, nicht alle Seiten, geben aber dennoch einen guten Überblick darüber, wie die Softwareindustrie zu dem Thema Zertifizierung steht.

Es gibt noch weitere Quellen außerhalb der systematischen Literaturrecherche, auf die sich dieses Dokument bezieht. Diese Quellen stammen von google.de und sind nicht wissenschaftlich und werden benutzt um Informationen wie bekannte Zertifizierungsstellen oder Zertifikaten zu referenzieren.

3 Zertifizierung in der Softwarebranche

Die Zertifizierung von Entwicklern soll dabei helfen, qualitativ hochwertigen Code zu schreiben und Entwicklern die Möglichkeit zu geben neue Technologien kennenzulernen und zu meistern. Doch woher kommt der Trend und warum war es so wichtig, dass er auch auf die Softwarebranche übergeht?

3.1 Geschichte

Nach Michael H Randall und Christopher J. Zirkle wurde das erste Zertifikat in der IT-Branche 1989 erstellt, um die Ausbildung von qualifizierten Entwicklern zu unterstützen. Durch den Bedarf seitens der IT-Branche ist die Auswahl an Zertifikaten seitdem gewachsen und hat im Jahr 2000 für insgesamt 2,4 Millionen erfolgreich zertifizierte Entwickler weltweit gesorgt.[1].

„In 1989, Novell created the first IT certification in response to a lack of trained individuals to support their mission critical tasks and the inability to turn to the traditional educational system for a trained supply of workers (Ziob, 2000). IT certifications have since grown as a result of the need for the IT industry to support its products and services (Computer Science and Telecommunications Board, 2001). As of January 2000, 2.4 million IT certifications have been awarded worldwide (Adelman, 2000a), and there are more than 120 IT vendors offering more than 1000 IT certifications (Rowe, 2003)."[2]

Information Technology Student-Based Certification in Formal Education Settings: Who Benefits and What is Needed - Michael H. Randall; Christopher J. Zirkle

Doch obwohl so viele Zertifikate verteilt wurden scheinen zu der Zeit weiterhin mehr Entwickler benötigt zu werden als vorhanden sind. Dies zeigt ein Artikel vom IEEE welches im Juni 2000 veröffentlicht wurde. In diesem ist beschrieben wie Arbeitgeber damit kämpfen gut ausgebildete Entwickler zu finden um die benötigten Stellen zu füllen[3].

---

[1]siehe Zitat von Michael H Randall und Christopher J. Zirkle auf Seite 11

[2][ITSB] „Im Jahr 1989 erstellte Novell die erste IT-Zertifizierung als Reaktion auf einen Mangel an ausgebildeten Personen in unternehmenskritischen Aufgaben und die Unfähigkeit des traditionellen Bildungssystems für eine Versorgung von ausgebildeten Arbeitnehmer zu sorgen (Ziob, 2000). IT-Zertifizierungen sind seither gewachsen, aufgrund der Notwendigkeit seitens der IT-Industrie, um bei der Entwickelung von Produkte und Dienstleistungen zu unterstützen (Computer Science and Telecommunications Board, 2001). Bis zum Januar 2000 wurden 2,4 Millionen IT-Zertifizierungen weltweit ausgestellt (Adelman, 2000a) mit mehr als 120 IT-Anbieter und mehr als 1000 IT-Zertifizierungen (Rowe, 2003)." sinngemäß übersetzt von Marc Mettke
Nachlesbar auf Seite 288

[3]siehe Zitat von Michael H Randall und Christopher J. Zirkle auf Seite 12

„The issue of narrowly trained programmers will become increasingly important as employers continue to struggle trying to meet the demand for programmers."[4]

Are too many programmers too narrowly trained - David Clark

Zwei Jahre später wurden zwei weitere Artikel von der IEEE veröffentlicht, welche auf die Vor- und Nachteile von Zertifikaten in der Softwarebranche eingehen. Zusätzlich entstanden die ISTQB und die IASA, welche sich beide darauf spezialisiert haben die Qualität von Software durch qualifizierte Tester und einer standardisierten Software Architektur zu verbessern. Bereits 2003 ist die Anzahl der Zertifikate auf mehr als 1000 gestiegen und seitdem wächst die Anzahl an Zertifizierungsstellen und weiteren Zertifikaten stetig um neue Anforderungen in der IT-Branche abzudecken[5].

3.2 Bereiche

Inzwischen gibt es viele Bereiche in der Softwarebranche in denen man Zertifikate erwerben kann[6]:

Grundlagen für Entwickler / Administratoren Der erste Bereich sind Grundlagenzertifikate, welche grundlegendes Wissen für einen Entwickler oder einen Administrator vermitteln. Sie werden unter dem APO-IT Standard für Quereinsteiger und Weiterbildungen ausgestellt, welches unter anderem von dem Bundesministerium für Bildung und Forschung erstellt wurde.[7]

Anwender Ein weiterer Bereich sind die Anwenderzertifikate, welche nachweisen, das man ein bestimmtes Programm bedienen und alltägliche Aufgaben mit diesem durchführen kann. Als Beispiel dafür ist der ECDL, welcher z.B. in Bereich Microsoft Office Word gemacht werden kann [8] oder der „Adobe Certified Expert" im Bereich Photoshop[9].

Arbeitsbereiche Zertifikate im Arbeitsbereich gehen über das Wissen der Bedienung hinaus und behandeln Fehlersuche und Reparaturen an einer Software oder Hardware. Als Beispiel dafür ist der „Apple Certified Mac Technician", welcher einfache Fehlersuche und Reparaturen an einem Mac durchführen kann. [10]

---

[4][COAT] „Das Problem der schlecht ausgebildeten Programmieren ist immer wichtiger geworden, da die Arbeitgeber zunehmend damit kämpgen der Nachfrage nach Programmierern gerecht zu werden." sinngemäß übersetzt von Marc Mettke
Nachlesbar auf Seite 12
[5]siehe Zitat von Michael H Randall und Christopher J. Zirkle auf Seite 12
[6]Für eine Übersicht von vielen IT-Zertifikaten und deren Ausstellern siehe [WIKI1]
[7]Weitere Informationen unter [ZERT3]
[8]Weitere Informationen unter [ZERT4]
[9]Weitere Informationen unter [ZERT5]
[10]Weitere Informationen unter [ZERT6]

Vorgehensweisen Das Wissen über die Verwendung von Vorgehensweisen in der Entwicklung wie z.b. Scrum kann ebenfalls durch ein Zertifikat nachgewiesen werden. Ein entsprechendes Scrum Zertifikat ist das „Scrum Team Member Accredited Certification Program", welches nachweist das man Scrum kennt und dieses als Teammitglied anwenden kann[11].

Programmiersprachen Als letzter Bereich kommen Zertifikate in einer Programmiersprache. In diesem Bereich geht es darum zu lernen wie man mit einer Programmiersprache umgeht, mögliche Fehlerquellen erkennt und Lösungen zu Problemstellungen erstellt. Als Beispiel dafür gibt es den „Oracle Certified Associate Java Programmer", mit einem Grundlagenwissen in Java[12].

Welche dieser Zertifikate für einen Entwickler interessant sind, ist dabei abhängig von den Sprachen und Vorgehensweisen die er in seinem Arbeitsbereich verwendet. Erwähnenswert ist außerdem, dass es nicht nur ein Zertifikat für z.B. eine Programmiersprache gibt. Je nach Schwerpunkt gibt es mehrere Stufen welche aufeinander aufbauen und einzeln nacheinander absolviert werden müssen.

3.3 Zertifizierungsstellen

Zu den verschiedenen Bereichen gibt es zusätzlich noch viele verschiedene Zertifizierungsstellen. Diese spezialisieren sich auf einen Bereich und kümmern sich darum das ein Zertifikat regelmäßig erneuert wird und den aktuellen Anforderungen in der Industrie entspricht. Einige wichtige Zertifizierungsstelle sind hier aufgelistet mit Informationen darüber in welchem Bereich sie ein Zertifikat ausstellen, wie ihre globale Ausbreitung aussieht und wie viele Personen bereits ein Zertifikat erworben haben. Da die Informationen komplett von der Website der jeweiligen Zertifizierungsstelle stammen, kann es sein das einige der oben genannten Informationen nicht öffentlich einsehbar sind und in der Liste fehlen:

International Requirements Engineering Board (IREB) Das "International Requirements Engineering Board" ist eine gemeinnützige Organisation die seit 2006 Zertifikate im Bereich "Requirement Enginreering" ausstellt. Sie Zertifizieren nach der "ISO/IEC 17024" [13] und ihr Zertifikat zum "Certified Professional for Requirements Engineering" wurde seit 2007 in 64 Ländern insgesamt 25.559 mal korrekt bestanden. Von dieses über 25.000 mal sind 11.590 aus Deutschland und 80 aus der USA.[14]

Usability and User Experience Qualification Board (UXQB) Im Oktober 2013 wurde auf einer Veranstaltung der German UPA e.V. das "Usability and User Experience Qua-

---

[11]Weitere Informationen unter [ZERT7]
[12]Weitere Informationen unter [ZERT8]
[13]Siehe 3.6 auf Seite 17 für mehr Informationen
[14]Weitere Informationen unter [ZERT9]

lification Board" gegründet. Dieses ist ein internationaler Verbund, welcher selbst keine Zertifizierungen durchführt, sondern das Zertifikat "Certified Professional for Usability and User Experience" für Partner-Organisationen bereitstellt die das Zertifizieren und das Bereitstellen von Kursen übernehmen. Insgesamt gibt es 5 beteiligte Organisationen in 5 verschiedenen Ländern welche dieses Zertifikat über 1000 mal ausgestellt haben.[15]

International Software Architecture Qualification Board (ISAQB) Das "International Software Architecture Qualification Board" ist eine gemeinnützige Organisation welche 2008 in Deutschland gegründet wurde. Sie sind vertreten in Deutschland, Österreich und der Schweiz und seit 2014 gibt es Gespräche über einen Zusammenschluss mit der IASA aus der USA. Das zugehörige Zertifikat zum "Certified Professional for Software Architecture" wurde in Deutschland 7,000 mal ausgestellt und ist aufgeteilt in drei Level. Während das Foundation Level in Deutsch und Englisch abgeschlossen werden kann, ist das Advanced Level nur in Deutsch verfügbar. Das Expert Level ist aktuell noch nicht verfügbar und wird voraussichtlich 2017 erscheinen. [16]

Iasa Global (IASA) Die "Iasa Global" auch bekannt als "Association for Software Architects" ist eine im Jahre 2002 gegründete Amerikanische gemeinnützige Organisation vertreten in 26 Standorten inklusive Deutschland. Ihr Zertifikat "Certified IT Architect" ist der Deutsche Variante von der ISAQB ähnlich und wurde 2500 mal ausgestellt. [17]

International Software Testing Qualifications Board (ISTQB) Das "International Software Testing Qualifications Board" ist eine gemeinnützige belgische Organisation gegründet im November 2002. Sie ist unterteilt in Member Boards welche offiziell von der USTQB stammen und in 72 Ländern vertreten sind, sowie Providern welche für die Ausstellung von Zertifikaten zertifiziert sind und die Liste auf über 100 Länder vergrößern. Insgesamt wurden von dem Zertifikat "STQB Certified Tester" 440.000 ausgestellt. [18]

International Software Product Management Association (ISPMA) Die "International Software Product Management Association" ist eine 2009 gegründete gemeinnützig Organisation und ein Partner der IREB. Dementsprechend beruht das Zertifikat "ISPMA Certified Software Product Manager" ebenfalls auf dem ISO/IEC 17024.[19]

International Institute of Business Analysis (IIAB) In Kanada wurde 2003 die "International Institute of Business Analysis" gegründet. Sie ist gemeinnützig, in 112 Länder vertreten und hat im Jahre 2015 4,983 Zertifikate zum "certified business analysis professional" und 722 "certification of competency in business analysis" ausgestellt.[20]

---

[15]Weitere Informationen unter [ZERT10]
[16]Weitere Informationen unter [ZERT11]
[17]Weitere Informationen unter [ZERT12]
[18]Weitere Informationen unter [ZERT13]
[19]Weitere Informationen unter [ZERT14]
[20]Weitere Informationen unter [ZERT15]

Project Management Institute (PMI) Das "Project Management Institute" ist eine, im Jahre 1969 gegründete, gemeinnützig Organisation die in 60 Ländern Zertifizierungen im Bereich "Project Managment" ausstellt.[21]

International Project Management Association (IPMA) Die "International Project Management Association" ist eine Föderation aus dem Jahre 1965 welche in über 60 Länder nach dem Stand von 2015 250.000 Zertifikate ausgestellt hat.[22]

International Council on Systems Engineering (INCOSE) Das Zertifikat "Systems Engineering Professional" wird von dem "International Council on Systems Engineering" in ca. 100 Ländern ausgestellt. Eine gemeinnützige Organisation seit 1990 dessen Zertifikate auf der ISO/IEC 15288 basieren. Es gibt 2329 Zertifizierte von denen 1604 aus der USA und 159 aus Deutschland kommen (Stand 2015).[23]

Institute for Supply Management (ISM) Das "Institute for Supply Management" stellt Zertifikate im Bereich "Certified Professional in Supply Management" und "Certified Professional in Supplier Diversity" aus. Es wurde im Jahre 1915 als gemeinnützige Organisation gegründet und hat seit 2008 60,000 Zertifizierungen in über 30 Länder ausgestellt.[24]

3.4 Vorteile

Zertifikate schaffen klare Vorteile, wenn es darum geht lebenslang zu lernen und immer wieder neue Technologien kennenzulernen. Da es so viele gibt, können regelmäßig neue erworben und der Wissensschatz erweitert werden. Da diese in regelmäßigen Abständen erneuert werden müssen, werden die Entwickler zusätzlich dazu gezwungen sich regelmäßig erneut mit dem Thema auseinanderzusetzen und damit lebenslang weiterzulernen. Weitere Vorteile sind außerdem das man durch ein Zertifikat die Bereitschaft zum Lernen demonstriert und ein neues technisches Verständnis für seinen Bereich bekommt. Wer Zertifikate hat, beweist damit das er sich mit neuen Thema auseinandersetzt und bereit ist sich dauerhaft mit diesen auseinanderzusetzen. [25].

> „Certification exam preparation offers an opportunity [...] to refresh [the] understanding of technical areas. For some, certification exam preparation provides an introduction to new technical references and industry standards. [...] Certification programs usually include recertification requirements, either through additional continuing education credits or by retaking the exam.

---

[21]Weitere Informationen unter [ZERT16]
[22]Weitere Informationen unter [ZERT17]
[23]Weitere Informationen unter [ZERT18]
[24]Weitere Informationen unter [ZERT19]
[25]siehe Zitat von Leonard L. Tripp auf Seite 16

Thus, certification provides a method for ensuring that individuals continue to update their skills."[26]

Benefits of certification - Leonard L. Tripp

3.5 Nachteile

Es gibt allerdings auch Probleme mit Zertifikaten. Sie führen sehr schnell zu falscher Sicherheit, da ein Entwickler zu dem Schluss kommen könnte, dass er sich zurücklehnen kann, sobald er das Zertifikat hat und wenn er ein Problem nicht kennt die Schuld eines Fehlers auf die Zertifizierung schiebt, da diese es ihm nicht beigebracht hat.[27]

„Certification can also instill in developers the belief that once they complete a set of courses and pass the requisite test, they are "done." However, any developer who feels this way is doomed."[28]

Certification Will Do More Harm than Good - Adam Kolawa

Ebenfalls können Zertifikate den Glauben vermitteln das man automatisch ein guter Entwickler ist. Dies ist allerdings nicht zwangweise der Fall, da das Schreiben einer Prüfung nicht bedeutet, dass man das Wissen auch praktisch anwenden kann. Des Weiteren sollte man, bevor man ein Zertifikat erwirbt, bedenken ob es die Zeit und das Geld wirklich wert ist. Adam Kolawa gibt dazu ein Gedankenexperiment, welches hinterfragt was man selbst als Manager von seinen Mitarbeitern erwarten würden. Dass sie viel Geld und Zeit in ein Zertifikat stecken, bei denen sie sich lediglich für Prüfungen vorbereiten um diese erfolgreich zu bestehen oder das sie die gleiche Zeit in Probleme und deren Lösungen stecken welche jetzt aktuell in meiner Firma vorhanden sind. [29]

„As an employer, I value quality software developers and encourage and support their continuing education [...]. But do I want my developers to devote their valuable time to preparing for a generalized software certification exam or do I want them to pursue more targeted knowledge in areas—project management, for example — that will benefit their professional growth and fill a need in my company?"[30]

Certification Will Do More Harm than Good - Adam Kolawa

---

[26][IOBO] „Die Vorbereitung auf eine Prüfung bringt die Möglichkeit das Technische Verständis zu erneuern. Für manche bietet sie zusätzlich eine Einführung in neue Technische Bereiche und Industriestandarts. Zertifizierungsprogramme erfordern normalerweise neuzertifizierungen, entweder durch 'Credit' Punkte oder erneute Prüfung. Dadurch garantiert die Zertifizierung das die Fähigkeiten regelmäßig verbessert werden." sinngemäß übersetzt von Marc Mettke
Nachlesbar auf Seite 2

[27]siehe Zitat von Adam Kolawa auf Seite 16

[28][COCW] „Die Zertifizierung kann Entwicklern vermitteln, dass, wenn sie eine Reihe von Kursen abschließen und die erforderlichen Tests bestehen, sind fertig sind. Aber jeder Entwickler der auf diese Weise denkt, ist zum Scheitern verurteilt." sinngemäß übersetzt von Marc Mettke
Nachlesbar auf Seite 1

[29]siehe Zitat von Adam Kolawa auf Seite 16

[30][COCW] „Als Arbeitgeber lege ich Wert auf qualitative Software-Entwickler deren Weiterbildung ich

3.6 Sonstiges Wissenswertes

In diesem Unterkapitel sind weitere Informationen zu Zertifikaten aufgelistet. Unter anderem stehen hier Informationen über Normen von Zertifizierungen sowie eine Preisvorstellung und der Ablauf einer Zertifizierung.

ISO/IEC 17024 Die ISO/IEC 17024 ist eine globale Norm für eine anerkannte Personenzertifizierung. Sie wurde 2003 als europäische Norm übernommen und ist kurz darauf auch in Deutschland angenommen worden. Sie definiert das ein Zertifizierter Sachverständiger sein Wissen regelmäßig aktuell halten muss und dieses durch Gutachten und anderen Nachweisen gegenüber der Zertifizierungsstelle Nachweisen muss. Zertifikate die unter dieser Norm ausgestellt werden sind weltweit gültig und anerkannt.[31]

ISO/IEC 15288 Die ISO/IEC 15288 ist eine globale Norm im Bereich System- und Software-Engineering. Es definiert einen Standard für den Lebenszyklus eines Systems zur Verbesserung der Kundenzufriedenheit.[32]

Preise Die Preise einer Zertifizierung sind sehr unterschiedlich und hängen von den Zertifizierungsstellen und Bereichen ab. Meistens fangen diese bei 80 Euro an und gehen bis 1000 Euro und mehr[33], dazu kommen noch Gebühren für die Unterlagen zum Lernen, sowie unter Umständen Reisekosten, da viele Zertifikate nur an einer entsprechenden Zertifizierungsstelle durchgeführt werden können.

Ablauf Der Ablauf einer Zertifizierung ist in drei Teile eingeteilt.
Zuerst kommt die Vorbereitung, welche nicht unterschätzt werden sollte. Die Prüfungen sind nicht gerade leicht und erfordern ein solides Wissen und Erfahrung in dem entsprechenden Bereich, daher ist es notwendig sich rechtzeitig entsprechendes Material wie Bücher und andere Quellen zu besorgen und diese zu studieren. Zusätzlich gibt es die Möglichkeit Kurse der Zertifizierungsstelle zu besuchen, welche das nötige Wissen vermitteln mit dem die Prüfung erfolgreich absolviert werden kann.
Der zweite Teil ist die eigentliche Prüfung. Diese kann, im Falle einer Internetprüfung, gemacht werden sobald der Anwärter sich sicher genug fühlt oder findet an einem bestimmten Termin statt, an dem dieser dann teilnehmen muss.
Der letzte Teil ist die Neuzertifizierung. Abhängig von dem Zertifikat und der Zertifizierungsstelle muss dieses regelmäßig erneuert werden, damit es weiterhin gültig bleibt. Eine

---

fördere und unterstütze [...]. Möchte ich das diese Entwickler ihre wertvolle Zeit verwenden, um sich für eine allgemeine Software Zertifizierungsprüfung vorbereiten oder das sie gezielte Kenntnisse in den Bereichen bekommen, die ihrer beruflichen Entwicklung weiterhelfen und einen Bedarf in meinem Unternehmen füllen?" sinngemäß übersetzt von Marc Mettke
Nachlesbar auf Seite 2
[31]Weitere Informationen unter [ISO1]
[32]Weitere Informationen unter [ISO2]
[33]Die Preise sind lediglich zur Veranschaulichung und stammen von drei bekannten Zertifizierungsstellen welche unter [ZERT1] angegeben sind. Es kann dabei Zertifikate geben die teurer oder billiger sind als die angegeben Werte.

solche Neuzertifizierung muss innerhalb der Gültigkeit des Zertifikates geschehen und erwartet eine erneute Ablegung einer Prüfung. In manchen Fällen können allerdings auch Protokolle geschrieben werden, welche nahelegen, dass die Technologie des Zertifikates verwendet wird und der Lernprozess damit weiterhin vorhanden ist.[34]

„Obtaining a certification requires that an individual pass a criterion referenced assessment, acknowledging the attainment of specific skills (Carnevale & Desrochers, 2001). IT certification assessments are administered by the vendor or third party testing firm, and many vendors require that certificate holders re-certify after a specified period of time to demonstrate continued competency (Cantor, 2002). [...] Preparation vehicles for IT certification exams might include computer-based training, books, CDs, simulation software, exams cram sessions, vendor sponsored curricula, and instructor-led training offered at formal and non-formal educational institutions. IT certification vendors may suggest exam preparation materials or even provide proprietary IT curriculum at a cost to students and educational institutions."[35]

Information Technology Student-Based Certification in Formal Education Settings: Who Benefits and What is Needed - Michael H. Randall; Christopher J. Zirkle

---

[34]Die Informationen stammen von softwarecertifications.org [ZERT2] und aus dem Zitat von Michael H Randall und Christopher J. Zirkle auf Seite 18

[35][ITSB] „Eine Zertifizierung verlangt, dass eine Person eine Prüfung besteht und beweist das eine spezifischer Fähigkeit erlangt wurde (Carnevale &amp;amp;amp; Desrochers, 2001). IT Zertifizierungsprüfungen werden durch den Hersteller oder Dritte Testfirmen verwaltet und viele Anbieter verlangen, dass die Zertifikatsinhaber nach Ablauf einer bestimmten Zeit eine rezertifizierung durchführen um Kompetenz zu demonstrieren (Cantor, 2002). [...] Die Vorbereitung für IT Zertifizierungsprüfungen können Training, Bücher, CDs, Simulationssoftware, Prüfungsvorbereitungskurse, Anbieter gesponserte Lehrpläne und von Kursleitern durchgeführte Schulung bei formalen und nicht-formalen Bildungseinrichtungen umfassen. IT Zertifizierungsanbieter können Material für die Prüfungsvorbereitung vorschlagen oder auch proprietäre IT-Lehrpläne zu einem Preis für Studenten und Bildungseinrichtungen zur Verfügung stellen." sinngemäß übersetzt von Marc Mettke Nachlesbar auf Seite 288

4 Zusammenfassung und Ausblick

4.1 Zusammenfassung

Zertifikate können vorteilhaft sein, gerade wenn es z.b. darum geht sicherzustellen das ein Techniker das nötige Wissen hat um eine spezielle Hardware zu reparieren oder um bei der Bewerbung zu zeigen, in welchen Bereiche man bereits Zeit investiert hat. Das große Problem ist allerdings das ein Entwickler sich zu schnell auf ein Zertifikat verlassen könnte und vergisst das ein gutes Programm am Ende von der eigenen Lern- und Anpassungsfähigkeit abhängt. Ein Zertifikat sollte niemals verwendet werden um zwischen zwei Bewerbern zu unterscheiden, da der Abschluss einer Prüfung niemals beweist das Wissen praktisch gut umgesetzt werden kann. Stattdessen sollte man sich Überlegen ob man lieber jemanden einstellt der seine Zeit damit verbringt sich für Prüfungen vorzubereiten oder jemanden der sich auf das Fokussiert was gerade gebraucht wird. In einer Branche in der es am Ende nicht darum geht, wie viel man weiß, sondern zu wissen wo man das Wissen findet, ist ein Zertifikat kein guter Anhaltspunkt für eine Qualifikation.

4.2 Kritische Reflexion

Das Thema "Zertifikate in der Softwarebranche" ist ein sehr interessantes Thema, da es viele Meinungen und Ansichten gibt, die alle verschiedene Perspektiven betrachten. Angefangen von Personen die so viele Zertifikate wie möglich anschaffen um zu zeigen das sie echt gut sind bis hin zu denen die nur den Kopf schütteln können, wenn sie Zertifikate sehen und jeden nur davon abraten. Das große Problem bei so vielen Meinungen ist, das es nur sehr wenige wissenschaftliche Dokumente zu diesem Thema gibt, da es keine wirklich klare Meinung seitens der Industrie gibt. Die meisten Dokumente sind aus dem 20ten Jahrhundert und die wenigen welche danach geschrieben wurden und auf die diese Arbeit basiert sind aus den ersten Jahren und damit nicht sehr repräsentativ zu der aktuellen Zeit.

Das Schreiben der Seminararbeit war zu Beginn sehr leicht, da die Einführung, welche auf das Problem der fehlenden Erfahrung von Entwicklern und deren Lösungsmöglichkeiten eingeht, zu diesem Thema sehr klar ist. Bei der systematischen Analyse hat sich allerdings schnell herausgestellt das es nur wenige wissenschaftliche Dokumente zu diesem Thema gibt und das diese sehr schwer zu finden sind, da sie in Themen wie "Zertifikate für SSL und Verschlüsselung" oder der "Zertifizierung von Software Komponenten" untergehen. Dem Autor ist bewusst das er wahrscheinlich nicht alle relevanten Dokumente gefunden hat, weil es nicht trivial ist korrekte Suchanfragen zu finden. Zum Hauptteil ist zu sagen, das es viele Informationen zu Zertifikaten gibt und es schwer ist zu unterscheiden welche aufgenommen werden sollen und welche nicht. Es gibt zu viele Zertifikate und Zertifizierungsstellen als das alle erwähnt werden können. Eine Auswahl aus diesen zu finden ist nicht leicht, da sie nicht so einfach Miteinander verglichen werden können. Doch obwohl sowohl die Quellen als auch die Informationen in dieser Arbeit nicht alles Erfassen können was es an Zertifizierungen in der Softwarebranche gibt, so geben diese doch einen guten Überblick und einen interessanten Einblick auf die Möglichkeiten die einem Entwickler in der aktuellen Zeit zur Verfügung stehen.

4.3 Ausblick

Adam Kolawa sagt, das viele der besten Programmierer mit denen er gearbeitet hatte keinen Abschluss an einer Universität und trotzdem ein tiefes Verständnis von einem Computer und dessen Funktionen hatten[1]. Dies zeigt das es in der Softwarebranche nicht darum geht wie gut man gebildet ist, sondern wie gut man mit neuen Situationen zurechtkommt. Anstatt Entwickler durch Zertifikate dazu zu zwingen dauerhaft lernen zu müssen und ein theoretisches Wissen per Prüfung zu beweisen, sollten die Firmen ihren Mitarbeiter stattdessen die Zeit und den Anreiz für ein dauerhaftes Lernen geben. Beispiel dafür ist entsprechen freie Zeit die nicht kontrolliert wird um neue Technologien auszuprobieren, sowie die Möglichkeit innerhalb des Teams regelmäßig Code-Reviews durchzuführen um gemeinsam neue Wege kennenzulernen wie man mit Problemen besser umgehen kann. Lernen welches auf eine Prüfung hinausgeht ist ein Lernen unter Druck welches zur Folge hat das die meisten Informationen wieder verloren gehen. Doch ein Lernen durch freie Zeit oder im Team ist ein Lernen aus Interesse mit Informationen die bleiben.

„The most brilliant programmers I've worked with over the years are the natural ones who have a deep understanding of how computers work and the general principles that undergird programming languages. These programmers not only adapt to new technologies, they also leverage these technologies in innovative ways. Usually, these programmers did not develop their talent by completing whatever set of courses a university committee deemed important. In fact, some never even graduated from a university."[2]

Certification Will Do More Harm than Good - Adam Kolawa

---

[1] siehe Zitat von Adam Kolawa auf Seite 20
[2] [COCW] „Die besten Programmierer, mit denen ich im Laufe der Jahre gearbeitet haben, sind diejenige, welche ein tiefes Verständnis davon haben wie Computer arbeiten und welche allgemeinen Prinzipien, unter einer Programmiersprache liegen. Diese Programmierer passen sich nicht nur neuen Technologien an, sie nutzen diese Technologien auch auf innovative Weise. Meistens wurde das Talent dieser Programmierer nicht durch eine Reihe von Kursen entwickelt, welche in einem Universitätsausschuss als wichtig erachtet wurden. In der Tat, hatten einige keinen Abschluss an einer Universität." sinngemäß übersetzt von Marc Mettke
Nachlesbar auf Seite 2

5 Rechercheprotokoll

5.1 01-01

("developer" OR "software developer" OR "web developer") AND ("certification" OR "education") AND ("certified" OR "non certified") AND ("benefits" OR "harm" OR "good" OR "bad" OR "advantages" OR "disadvantages") AND ("industry" OR "software industry" OR "software development")

QUELLE	ZEITSTEMPEL	TREFFER
GS	2016-06-26 10:05	26.300
IE	2016-06-26 10:08	1.797.510
Base	2016-06-26 10:15	781
Springer Link	2016-06-26 10:20	175

5.2 01-02

("Entwickler") AND ("Zertifizierung" OR "Bildung") AND ("zertifiziert" OR "unzertifiziert" OR "nicht zertifiziert") AND ("Verbesserung" OR "Verschlechterung" OR "Vorteile" OR "Nachteile") AND ("Industrie" OR "Softwarebereich" OR "Softwarebranche")

QUELLE	ZEITSTEMPEL	TREFFER
GS	2016-06-26 10:53	584
IE	2016-06-26 10:55	71
Base	2016-06-26 10:15	0
Springer Link	2016-06-26 10:20	126

5.3 01-03

("programmer") AND ("certification" OR "training") AND ("narrowly" OR "advantages" OR "disadvantages")

QUELLE	ZEITSTEMPEL	TREFFER
GS	2016-06-26 12:43	62.800
IE	2016-06-26 12:48	100.928
Base	2016-06-26 10:15	2.441
Springer Link	2016-06-26 10:20	13.456

5.4 01-04

software developer certification benefits

QUELLE	ZEITSTEMPEL	TREFFER
GS	2016-06-26 12:43	55.600
IE	2016-06-26 12:54	10
Base	2016-06-26 12:59	326
Springer Link	2016-06-26 13:05	4.261

5.5 01-05

software developer certification (harm OR disadvantages)

QUELLE	ZEITSTEMPEL	TREFFER
GS	2016-06-26 12:43	23.800
IE	2016-06-26 13:14	193
Base	2016-06-26 12:59	102
Springer Link	2016-06-26 13:05	1.733

5.6 Einzelergebnisse

ANFRAGE	QUELLE	EINTRAG	RELEVANZ	TITLE
01-01	GS	1	ja A1	Information Technology Student-Based Certification in Formal Education Settings: Who Benefits and What is Needed
01-01	GS	2	nein B1	A Parallel Universe: Certification in the Information Technology Guild
01-01	GS	9	nein B1	Organizational & end-user information systems–a compendium of resources and materials

ANFRAGE	QUELLE	EINTRAG	RELEVANZ	TITLE
01-02	GS	1	nein B1	Qualitätsmanagement an einem Hochschulinstitut
01-01	GS	8	ja A2	Benefits of certification
01-02	GS	4	ja A1	Qualitätsmanagement & Zertifizierung bei sicherheitskritischen Systemen
01-02	GS	5	nein B1	Zertifizierung mehrseitiger IT-Sicherheit
01-03	GS	2	ja A1	Are Too Many Programmers Too Narrowly Trained?
01-03	GS	9	nein B1	A Programmer Self-training System with Programming Skill Evaluation and Personalized Task Recommendation
01-04	BASE	1	nein B2	The Impact of Quality Assurance Certification on Australian Software Developers
01-04	BASE	4	nein B4	Software Quality Certification: identifying the real obstacles
01-04	SL	1	nein B1, B2	Australian Software Developers Embrace QA Certification
01-04	SL	4	nein B1	Certification and Accreditation Overview
01-04	SL	5	nein B1	Challenges in Software Certification
01-05	IE	2	ja A3	Certification will do more harm than good
01-05	IE	3	nein B2	Quality assurance certification: adoption by Australian software developers and its association with capability maturity
01-05	SL	1	nein B1	Software Certification: Is There a Case against Safety Cases?

Literaturverzeichnis

[CFF]   Quelle: www.flaticon.com
        Icon erstellt von Freepik lizenziert unter CC BY 3.0 [Zugriff 2016-04-19]
        http://creativecommons.org/licenses/by/3.0/
        http://www.flaticon.com/free-icon/circular-label-with-certified-s
        tamp_30277

[ITSB] Information Technology Student-Based Certification in Formal Education
        Settings: Who Benefits and What is Needed - Michael H. Randall; Christopher
        J. Zirkle
        Veröffentlicht: 200X-XX [Zugriff 2016-05-16]
        https://www.semanticscholar.org/paper/Information-Technology-Stu
        dent-Based-Certification-Randall-Zirkle/9e1ecfbbfdecab7e291506d
        657972a07615bf250/pdf

[QuZ]   Qualitätsmanagement & Zertifizierung - Christian Dörner
        Veröffentlicht: 200X-XX [Zugriff 2016-05-16]
        http://pi.informatik.uni-siegen.de/niere/lehre/SS04/SeminarFinal
        /2_doerner/Ausarbeitung.pdf

[IOBO] Benefits of certification - Leonard L. Tripp
        Veröffentlicht: 2002-06 [Zugriff 2016-05-16]
        http://ieeexplore.ieee.org/xpls/abs_all.jsp?arnumber=1009164

[COCW] Certification Will Do More Harm than Good - Adam Kolawa
        Veröffentlicht: 2002-06 [Zugriff 2016-05-16]
        https://www.computer.org/csdl/mags/co/2002/06/r6034.pdf
        http://ieeexplore.ieee.org/xpls/abs_all.jsp?arnumber=1009166

[COAT] Are too many programmers too narrowly trained - David Clark
        Veröffentlicht: 2000-06 [Zugriff 2016-05-16]
        https://www.computer.org/csdl/mags/co/2000/06/r6012-abs.html
        http://ieeexplore.ieee.org/xpls/abs_all.jsp?arnumber=846313

[WIKI1] Übersicht von vielen IT-Zertifikaten
        [Zugriff 2016-06-10]
        https://de.wikipedia.org/wiki/Liste_der_IT-Zertifikate

[ZERT1] Preisveranschaulichung
        [Zugriff 2016-06-12]

```
https://www.lpice.eu
https://www.tuev-sued.de
https://education.oracle.com
https://www.microsoft.com
```

[ZERT2] Ablauf einer Zertifizierung
[Zugriff 2016-06-12]
```
http://www.softwarecertifications.org/process/preparing-for-exam
http://www.softwarecertifications.org/process/scheduling-an-exam
http://www.softwarecertifications.org/process/recertification
```

[ZERT3] APO-IT Zertifizierung
[Zugriff 2016-06-12]
```
http://exirius-gmbh.de/leistungen/qualifizierung-weiterbildung/ap
o-it-zertifizierung.html
```

[ZERT4] ECDL Zertifizierung
[Zugriff 2016-06-12]
```
http://www.ecdl.org/programmes/index.jsp?p=2927&n=2940
```

[ZERT5] Adobe Certified Expert Zertifizierung
[Zugriff 2016-06-12]
```
https://training.adobe.com/certification/exams.html#p=1&product=
adobe-photoshop
```

[ZERT6] Apple Certified Mac Technician
[Zugriff 2016-06-12]
```
http://training.apple.com/certification/acmt
https://training.adobe.com/certification/exams.html#p=1&product=
adobe-photoshop
```

[ZERT7] Scrum Zertifizierungen
[Zugriff 2016-06-12]
```
http://www.scrum-institute.org/Scrum_Team_Member_Accredited_Certi
fication_Program.php
```

[ZERT8] Oracle Certified Associate Java Programmer
[Zugriff 2016-06-12]
```
http://education.oracle.com/pls/web_prod-plq-dad/db_pages.getpage
?page_id=653&get_params=p_id:154
```

[ZERT9] CPRE Statistik
[Zugriff 2016-06-27]
```
https://www.ireb.org/en/service/statistics
```

[ZERT10] UXQB Website
[Zugriff 2016-06-27]
```
http://uxqb.org/en/
```

[ZERT11] ISAQB
[Zugriff 2016-06-27]
`http://www.isaqb.org/?lang=en`

[ZERT12] IASA Global
[Zugriff 2016-06-27]
`http://iasaglobal.org`

[ZERT13] ISTQB
[Zugriff 2016-06-27]
`http://www.istqb.org`

[ZERT14] ISPMA
[Zugriff 2016-06-27]
`http://community.ispma.org`

[ZERT15] IIBA
[Zugriff 2016-06-27]
`http://www.iiba.org`

[ZERT16] PMI
[Zugriff 2016-06-27]
`http://www.pmi.org`

[ZERT17] IPMA
[Zugriff 2016-06-27]
`http://www.ipma.world`

[ZERT18] INCOSE
[Zugriff 2016-06-27]
`http://www.incose.org`

[ZERT19] ISM
[Zugriff 2016-06-27]
`https://www.instituteforsupplymanagement.org/certification/conte`
`nt.cfm?ItemNumber=5722`

[ISO1] DIN EN ISO/IEC 17024
[Zugriff 2016-06-27]
`http://www.bdsf.de/anerkennung/din-en-iso-iec-17024`

[ISO2] DIN EN ISO/IEC 15288
[Zugriff 2016-06-27]
`http://www.iso.org/iso/catalogue_detail?csnumber=63711`

[GdS] Geschichte der Softwarefehler
[Zugriff 2016-06-27]
`http://www.certitudo-gmbh.de/g_geschichte.html`